Ehe ich mich Traue

Heiraten, warum?

Herstellung und Verlag:
Books on Demand
GmbH, Norderstedt

ISBN-13: 978-3-8370-5451-4

Haftungsausschluss

Die Inhalte dieses Buches sind sorgfältig recherchiert und erarbeitet worden.
Dennoch kann weder Autor noch der Verlag für die Angaben in diesem Buch eine Haftung übernehmen. Weiterhin erklären Autor und Verlag ausdrücklich, dass sie trotz sorgfältiger Auswahl keinerlei Einfluss auf die Gestaltung und die Inhalte der im Buch aufgeführten Internetseiten haben. Deshalb distanzieren sich Autor und Verlag hiermit ausdrücklich von allen Inhalten aller Seiten und machen sich diese Inhalte nicht zu Eigen. Diese Erklärung gilt für alle in diesem Buch aufgeführten Links.
Ebenfalls ist dieses Buch kein rechtlicher Ratgeber, sondern soll Ehewillige motivieren rechtlichen Rat bei Rechtsanwälten oder Notaren einzuholen.

Impressum

Es ist nicht gestattet, Abbildungen und Texte dieses Buches zu digitalisieren, auf digitale Medien zu speichern oder einzeln oder zusammen mit anderen Bildvorlagen / Texten zu manipulieren, es sei denn mit schriftlicher Genehmigung des Verlages.

Books on Demand GmbH
D - 22848 Norderstedt
Gutenbergring 53

Inhaltsangabe

Inhaltsangabe

Inhaltsangabe

1. Vorwort

Immer mehr Ehen werden geschieden, so laut Bundesamt für Statistik. Deshalb prüfe stetig, ob sich nichts besseres findet, bevor Du dich ewig bindest.

Scherz bei Seite, in der Tat Ehe bedeutet mehr, als sich nur eine gemeinsame Wohnung zu teilen.

Mann und natürlich auch Frau, sollten sich vor der Ehe überlegen, wollen sie wirklich die Ehe eingehen.

Ebenfalls sollten beide sich mit den Fragen:

- Wie stelle ich mir eine glückliche Ehe vor?
- Wie stellt sich mein Partner/in eine glückliche Ehe vor?
- Welche Rechte und Pflichten gehe ich mit einer Ehe ein?
- Welche Rechte und Pflichten hat mein(e) Partner/in in der Ehe?
- Was ist das Eherecht?
- Was ist das Scheidungsrecht?
- Was ist das Unterhaltsrecht?
- Was ist das Ehegüterrecht?
- Welche Güterstände gibt es?
- Was bedeutet Scheidung?
- Gibt es ein Rezept für eine gute Ehe?

auseinandersetzen.

Dieses Buch soll einen Einblick ins Eheleben geben und mögliche Folgen einer Scheidung aufzeigen. Natürlich gilt dies für Deutschland.

Bedenke, die Ehe wird auf Lebenszeit
geschlossen.

2. Wo die Ehe herkommt

Wo genau die Ehe herkommt vermag keiner
zu sagen.
Bekannt ist, das es die Ehe schon viele
hundert Jahre gibt.
Es gab schon Ehen, bevor es die bekannten
Religionen gegeben hat.

3. Wie sich die Bedingungen für eine Ehe geändert haben

Um verstehen zu können warum sich die Bedingungen für eine Ehe ändern, ist es wichtig zu wissen wo diese Bedingungen her kommen bzw. wodurch die Bedingungen für eine Ehe gestaltet werden.
Da die Ehe älter als die Kirche ist, lasse ich die Kirche einfach mal aussen vor.
Übrigens es werden nicht nur immer mehr Ehen geschieden, nein auch die Zahl der Kirchenaustritte wächst stetig an.
Aber welchen Einfluss die Kirche bzw. der Glaube auf sein Leben ausübt und somit auch auf seine Ehe muss jeder mit sich selbst und seinem Ehepartner / Ehepartnerin ausmachen.
Die Ehe stellt eine Gemeinschaft in der Gesellschaft dar und unter liegt somit, den Bedingungen die diese Gesellschaft an die Ehe stellt.
Was heisst das im einzelnen?
Schauen wir mal in sporadischen Abständen zurück, so stellen wir fest, das die Ehe immer eine Aufgabe, die von der Gesellschaft gestellt wurde, erfüllt hat.
So bot sie Schutz und Versorgungssicherheit in der Steinzeit, sorgte dafür das Clans zusammengehalten wurden, das Vermögen in der Familie verblieb, ja die Ehe war sogar gut um Kriege zu vermeiden.

Um auch immer den Erfolg zu erzielen, den
sich die Gesellschaft von einer Ehe erhoffte,
wurden sehr oft die Eheleute von der
Gesellschaft ausgesucht bzw. bestimmt.
In manchen Ländern ist es noch heute so.
Aber zu mindestens in Deutschland
wurden der Ehe die Fesseln von einst
abgenommen.
Spätestens jetzt sollte die Frage kommen,
welche Bedingungen gibt es heute für eine
Ehe.
Wenn man mal von den Belangen des Staates
absieht, gibt es keine Bedingungen.
Woran liegt das?
Ganz einfach und hier spielt der Staat eine
grosse Rolle.
Betrachten wir den Staat mal ganz grob, so
können wir sagen der Staat besteht aus
Politikern und kommen somit nicht an ihrer
Politik vorbei.
Ich möchte an dieser Stelle nicht die Politiker
oder deren Politik kritisieren.
Aber es ist Fakt, das dem sogenannten
kleinen Mann (Otto Normalverbraucher)
das Geld aus der Tasche gezogen wird,
um damit anscheinend Diätenerhöhungen
finanzieren zu können.
Natürlich sehe und verstehe ich das falsch,
nur falls jemand fragen sollte.
Aus diesem Grund gibt es auch das
ungeschriebene Gesetz, der Staat muss alles
tun, um so wenig Gelder wie möglich der

Gesellschaft zurück geben zu müssen, zum Beispiel Hartz 4.

Heutzutage denkt jeder nur an sich und versucht seine Interessen durchzusetzen. Dadurch ist es der Gesellschaft egal, was aus einer Ehe wird oder geworden ist.

Auch dem Staat ist es egal, solange er nicht zahlen muss, das heisst, der Staat wird immer wieder versuchen die Kosten zum Beispiel Unterhaltskosten auf andere abzuwälzen.

Darum muss man heute die Ehe aus der marktwirtschaftlichen Perspektive sehen, was kostet die Ehe?, was bringt mir die Ehe?, welchen Nutzen ziehe ich aus der Ehe? usw.

Nach all diesem, kann man sagen, die Bedingungen für eine Ehe haben sich dahin gehend geändert, das man heute sich eine Ehe finanziell leisten können muss, ansonsten wird es nur eine Zweckgemeinschaft mit Trauschein, dessen Scheidung vor-programmiert ist.

Denn auch ein Kind ist kein Heiratsgrund und kein Grund gegen eine Scheidung.

4. Vorsorge für die Ehe

Nach dem die Ehe, für den Staat eine finanzielle Institution ist, gilt es gewisse Vorkehrungen zu treffen.

Natürlich sollte man aus Liebe und nicht aus finanziellen Gründen heiraten, was ja auch meistens gemacht wird und es heisst nicht um sonst Liebe macht blind, aber die Liebe geht und die Schulden bleiben.

Kein frisch verliebtes Paar denkt bei der Hochzeit an Scheidung, deshalb gibt es ja auch so viele Dilemma.

Bevor man(n) heiratet, sollte man(n) sich mit den Gesetzen vertraut machen und Möglichkeiten Nutzen, einen finanziellen Schaden bei der Scheidung abzuwenden oder zu mindestens so gering wie möglich zu halten.

Dazu gibt es den Ehevertrag.

Vor der Ehe erscheint dieses recht ungewöhnlich, aber nach der Ehe wird jeder froh sein wenn er es denn getan hat.

Ausserdem kann eine gute Vorsorge, durch-aus, positiv für eine Ehe von Anfang an sein.

Ebenfalls wird jeder liebende Partner dafür Verständnis haben, ansonsten ist zu vermuten, das mehr als nur Liebe im Spiel ist.

5. Welche Rechte und Pflichten die Frau in der Ehe hat

Welche Rechte und Pflichten die Frau in der Ehe hat, hat früher die Gesellschaft bestimmt, heute interessiert sich die Gesellschaft nicht mehr dafür und somit bleiben die Rechte und Pflichten übrig die der Staat bestimmt.
Es gilt das Prinzip der Partnerschaft und somit haben beide Ehepartner gleiche Rechte und gleiche Pflichten.
Beide Ehegatten sind einander verpflichtet, durch ihre Arbeit und mit ihrem Vermögen die Familie angemessen zu unterhalten.

6. Welche Rechte und Pflichten der Mann in der Ehe hat

Welche Rechte und Pflichten der Mann in der Ehe hat, hat früher die Gesellschaft bestimmt, heute interessiert sich die Gesellschaft nicht mehr dafür und somit bleiben die Rechte und Pflichten übrig die der Staat bestimmt.
Es gilt das Prinzip der Partnerschaft und somit haben beide Ehepartner gleiche Rechte und gleiche Pflichten.
Beide Ehegatten sind einander verpflichtet, durch ihre Arbeit und mit ihrem Vermögen die Familie angemessen zu unterhalten.

7. Das Eherecht

Das Eherecht kümmert sich, unter
Berücksichtigung der Gleichberechtigung um die
Fragen.

1)   Des Ehenamens

2)   des ehelichen Güterrechts

3)   des ehelichen Lebensunterhalts und

4)   der Haushaltsführung

8. Das Namensrecht

Seit 1994 gibt es ein neues Namensrecht,
danach haben die Ehegatten verschiedene
Möglichkeiten Ehenamen zu bestimmen
(Namensbestimmung).

9. Der Ehevertrag

Der Ehevertrag dient dazu den Versorgungsausgleich auszuschliessen und den Güterstand der Ehe festzulegen.
Der Ehevertrag muss vor einer Notarin oder einem Notar geschlossen werden.
Auf jedenfall sollte man sich vor der Ehe von einer Rechtsanwältin oder einem Rechtsanwalt bzw. von einer Notarin oder einem Notar beraten lassen.
Auf keinen Fall lassen sich Unterhalts - verpflichtungen gegen über der Kinder, mit einem Ehevertrag, ausschliessen.

10. Das Scheidungsrecht

In dem Scheidungsrecht stehen die Bedingungen, ab wann eine Scheidung möglich ist bzw. welche Voraussetzungen erfüllt sein müssen.

11. Das Unterhaltsrecht

Ehegatten sind auch nach der Scheidung
unterhaltspflichtig.
Ob und wenn ja, wieviel der Eine vom Anderen
bekommt regelt das Unterhaltsrecht.

12. Das Sorgerecht

Das Sorgerecht kümmert sich darum welches
Elternteil das Sorgerecht für die gemeinsamen
Kinder, nach der Scheidung, erhält, in der
Regel jedes Elternteil zu 50 %.

13. Das Ehegüterrecht

Das Ehegüterrecht regelt die rechtlichen Auswirkungen auf das Vermögen der Ehegatten bei der Eheschliessung (Hochzeit) und die Vermögens rechtlichen Beziehungen der Ehegatten zu einander.

14. Das Familienrecht

Das Familienrecht besteht aus der Gesamtheit der Rechtsnormen, die das Recht der Ehe und Verwandtschaft regeln. Es ist ein Teilgebiet des Zivilrechts und ordnet die Rechtsbeziehungen der Familienmitglieder untereinander und zu Dritten.

15. Das Erbrecht

Das Erbrecht regelt unter anderem die
Erbfolge in der Ehe und befasst sich
unter anderem mit Testament, Erbschaft,
Pflichtteil, Enterbung, Erbschaftssteuer,
Kosten etc.

16. Das Kindschaftsrecht

Unter dem Begriff Kindschaftsrecht werden die
Regelungen zusammengefasst, die das Kind
und die Beziehungen zu seiner Familie
betreffen. Hierzu gehören: das
Abstammungsrecht, das Sorge-
und Umgangsrecht, das Namensrecht, das
Adoptionsrecht.

17. Diese Güterstände gibt es

1) die Zugewinngemeinschaft, ohne Ehevertrag

2) die Gütertrennung, mit Ehevertrag oder

3) die Gütergemeinschaft, auch mit Ehevertrag

18. Warum Sex zur Ehe gehört

Viele verbinden Sex mit Liebe aber in Wirklichkeit ist es eine persönliche Ansicht die von Mensch zu Mensch individuell ist.

Sex dient dem Fortbestand der eigenen Art, hier des Menschen. Um dieses zu gewährleisten trixt die Natur den Menschen aus, in dem sie Liebe, Ekel, Wut, Hass und vieles mehr umgeht.

Nur die Wenigsten wissen, wie die Natur das macht und daher verhalten sich viele unbewusst falsch in der Ehe, wodurch sie Ihren Ehegatten zum Fremdgehen zwingen. Was auch jeder Ehegatte früher oder später, auf jeden Fall wenn er Gelegenheit dazu bekommt, wenn er auf Sex in der Ehe verzichten muss, tun wird.

Leider funktioniert die Animierung der Fortpflanzung bei Frau und Mann unterschiedlich, was immer wieder zu Streit und Missverständnissen führt.

Die Animierung der Fortpflanzung bei der Frau: Genau wie beim Mann müssen auch bei der Frau gewisse Voraussetzungen erfüllt sein, z. B. der Hormoncocktail muss richtig gemixt sein, der Partner muss der Frau gefallen, die Frau muss ein allgemeines Wohlbefinden haben (kein Stress, kein Streit, keine Probleme, keine anderen Belastungen etc.) dann ist sie durch Küssen und Zärtlichkeiten zum Sex bereit.

Die Animierung der Fortpflanzung beim Mann ist etwas anders: Auch beim Mann müssen gewisse Voraussetzungen erfüllt sein, aber bei Männern ist Sex ein körperliches Bedürfnis ähnlich wie Durst oder Hunger.

Wobei Männer körperlich orientiert den Sex direkter angehen und seelische Voraussetzungen oftmals weniger berücksichtigen.

Bezüglich Sexualität spielt sich bei Frauen sehr viel im Kopf ab und Frauen empfinden Sexualität als Teil ihrer Persönlichkeit.

Frauen sehen zu dem ihre Sexualität viel stärker mit einer Partnerschaft verbunden als Männer.

Während Frauen ihre Sexualität steuern können, sind Männer darauf angewiesen ihr körperliches Bedürfnis zu befriedigen und darin liegt das Problem.

Onanieren reicht auf Dauer nicht aus, um dieses körperliche Bedürfnis zu befriedigen, deshalb sucht sich der Mann früher oder später eine Partnerin für Sex, er geht fremd.

Und deshalb gehört ein intaktes Sexualleben mit zur Ehe.

19. Das bedeutet Ehe

Ehe ist weitaus mehr als nur zusammen in
einer Wohnung zu wohnen und gemeinsam in
einem Bett zu schlafen.
Und ich rede nicht von Scheinehen,
Schutzehen, Zweckehen und Zwangsehen
sondern von der Ehe die zwei Menschen aus
freien Stücken eingehen, weil sie es so wollen.
Ehe bedeutet vor allem ich bin nicht nur für
mich alleine verantwortlich.
Das heisst alles was ich mache oder sage,
wirkt sich direkt oder indirekt auf das Leben
meines Ehepartners aus, denn in der Ehe
haften beide.
Ehe heisst auch ich kümmere mich um meinen
Ehepartner, sorge dafür das es ihm gut geht,
das er sich wohl fühlt und pflege ihn wenn er
Pflege braucht, kurz um ich bin für meinen
Ehepartner da.
Ehe heisst aber auch ich unterstütze meinen
Ehepartner, stehe zu ihm, helfe ihm wo ich nur
kann und stelle auch schon mal die eigenen
Interessen zurück.
In der Ehe ist man zu zweit, deshalb muss
man sich einig sein und in eine Richtung
rudern.
In einer Ehe muss man auch schon mal zu -
rück stecken.

20. Was Kinder für eine Ehe bedeuten können

In erster Linie bedeuten Kinder für eine Ehe, das es sich nun um eine Familie handelt.
Und in einer Familie kommen weitere Rechte und Pflichten hinzu.
War man vorher nur für sich und seinem Ehepartner verantwortlich, so weitet sich der Kreis auch auf die Kinder aus.
Die Ehe wird noch stärker belastet, da jetzt noch mehr Verantwortung getragen werden muss und noch mehr Störfaktoren die Ehe beeinflussen.
Die Ehepartner müssen sich neu arrangieren.
Kinder können entzweien und Disharmonie herbeiführen, Kinder können aber auch eine echte Bereicherung sein und zur Harmonie in der Ehe bzw. Familie beitragen.

21. Das ist eine gute Ehefrau / Mutter

Nein, an dieser Stelle kommen jetzt keine
Macho Sprüche.
Eine gute Ehefrau ist auch eine gute Hausfrau,
Mutter, Köchin, kurz um eine gute Managerin
der Familie.
Eine gute Ehefrau schafft ihrem Mann ein
gemütliches und schönes Heim, wohin er
gerne nach Hause kommt.
Sie blamiert weder sich selbst noch ihren
Mann noch die Familie.
Sie ist für ihren Ehemann / Familie da und tut
alles zum Wohl und im Sinne der Ehe /
Familie.
Eine gute Ehefrau / Mutter sorgt für Harmonie
in der Ehe / Familie und versucht, das sich alle
wohl und zufrieden fühlen.
Das heisst nicht, das sie die Sklavin ihrer
Familie ist und jeden bedienen muss, auch
nicht, das sie ihr eigenes Leben aufgeben
muss, aber alles in Einklang zu bringen, macht
eine gute Ehefrau und Mutter aus.

22. Das ist ein guter Ehemann / Vater

Ein guter Ehemann respektiert seine Frau und kümmert sich so gut er kann um Familie, Haus und Hof.
Ebenso schafft er seiner Frau ein gemütliches und schönes Heim, wohin sie gerne nach Hause kommt.
Er blamiert weder sich selbst noch seine Frau noch die Familie.
Er ist für seine Ehefrau / Familie da und tut alles zum Wohl und im Sinne der Ehe / Familie.
Ein guter Ehemann / Vater sorgt für Harmonie in der Ehe / Familie und versucht, das sich alle wohl und zufrieden fühlen.
Das heisst nicht, das er der Sklave seiner Familie ist und jeden bedienen muss, auch nicht, das er sein eigenes Leben aufgeben muss, aber alles in Einklang zu bringen, macht einen guten Ehemann und Vater aus.

23. Das ist tödlich für die Ehe

Jeder Mensch strebt nach Anerkennung und Harmonie im Leben.
Wer im Leben darauf verzichten muss, wird automatisch unzufrieden, gereizt und aggressiv.
Das Zusammenleben mit einem solchen Menschen ist fast unmöglich und führt unweigerlich zu Problemen, Streit und sehr oft zur Scheidung.
Dies kann sein, wenn der Ehepartner nicht so funktioniert, wie es von ihm erwartet wird.
Aber nicht immer kann der Ehepartner etwas dafür, es kann auch der Beruf, die Eltern, Schwiegereltern oder andere Einflüsse, die von aussen auf die Ehe einwirken, schuld sein.

24. Unterschied, Ehe / Familie

Unter einer Ehe versteht man eine Lebensgemeinschaft zweier Personen die sozial anerkannt und die durch allgemein geltende, meist gesetzliche Regeln, gefestigt ist. Diese Leute werden im allgemeinen Ehepartner, Eheleute oder auch Ehegatten genannt. Die kirchliche Trauung und die Zivilehe wird im allgemeinen mit dem Begriff Ehe umfasst.

Die Bedeutung der Ehe und die sie betreffenden Rahmenbedingungen sind stark von kulturellen und gesellschaftlichen Vorstellung abhängig und haben sich im Laufe der Entwicklung des Menschens, immer wieder verändert.

Mit dem Begriff Scheidung wird die rechtliche Auflösung der Ehe bezeichnet.

Soziologisch ist eine Familie eine durch Abstammung und / oder durch Heirat begründete Lebensgemeinschaft.

Im wesentlichen Kulturkreis meist aus Kindern und Eltern bestehend, gelegentlich durch Verwandte, die im gleichen Haushalt leben, erweitert.

25. Kinder in der Familie

Kinder haben auch Rechte und Pflichten in der Familie.
Zurecht können Kinder von ihren Eltern
erwarten, geschützt und beschützt zu werden,
ernährt und eingekleidet zu werden,
ebenso gefördert und gefordert zu werden.
So zum Beispiel Unterstützung / Hilfe bei den
Hausaufgaben zu erfahren.
Dieses lässt sich an einer guten Erziehung,
Schulausbildung und Berufsausbildung
messen.
Im Gegenzug können die Eltern erwarten, das
die Kinder, unter Berücksichtigung ihres Alters,
ihren Verpflichtungen nach kommen.
Kinder bedeuten aber auch eine finanzielle
Belastung für die Familie und kosten halt Geld.

26. Das heißt Scheidung für die Frau

Scheidung für die Frau heisst, allein
erziehende Mutter zu sein, den Unterhalt für
sich und den Kindern einzufordern.
Sie muss dann auch die Vaterrolle
übernehmen und alleine den Rest der Familie
managen.
Ebenso muss sie eine passende Wohnung für
sich und ihre Kinder finden, den Umzug
bewältigen, den Hausstand komplettieren und
eventuell einen neuen Job annehmen.
Sicher ist, das auch das Leben der
geschiedenen Frau schwerer wird.

27. Das heißt Scheidung für den Mann

Scheidung heisst er trennt sich von seiner
Ehefrau aber auch von seinen Kindern,
ansonsten muss er mit gerichtlicher Hilfe um
seine Kinder kämpfen.
Das heisst die Kinder kommen zur Mutter aber
das Sorgerecht behalten beide Elternteile.
Will Mann oder Frau etwas daran ändern, wird
ein Rechtsanwalt oder eine Rechtsanwältin
benötigt.
Auch das gemeinsame, in der Ehe erworbene,
Hab und Gut wird geteilt, zwischen Frau und
Mann.
Auch der Mann muss sich häufig eine neue
Wohnung suchen und natürlich seinen
Hausstand wieder komplettieren.
Ebenfalls ist der Vater verpflichtet seine Kinder
am Kinderwochenende ab zu holen und
wieder zu rück zu bringen.
Natürlich zahlt der Vater für seine Kinder
Unterhalt und wenn nötig auch Unterhalt für
seine Exfrau.
Eine Scheidung bedeutet für einen Mann den
finanziellen Ruin, es sei denn er hat einen
guten Job in dem er genügend Geld verdient
um alle Kosten zahlen zu können oder aber
er ist bereits finanziell ruiniert.
Sicher ist, das auch das Leben des
geschiedenen Mannes schwerer wird.

28. Das heißt Scheidung für die Kinder

Vor allem leiden die Kinder unter der Trennung der Eltern, aber auch täglichen Streit der Eltern mit zu bekommen, ist nicht förderlich für Kinder.

Auf jeden Fall müssen die Kinder mit nur einem Elternteil aufwachsen, müssen mit ansehen wie Mama und Papa, mit für sie Fremden, besser zurecht kommen, als mit der eigenen Familie.

Zu den sogenannten Kinderwochenenden werden sie hin und her gereicht.

Teilweise verlangt man von ihnen, das sie zwischen Mutter und Vater wählen.

Ebenso sollen sie häufig zu den neuen Partnern der Eltern Mama und Papa sagen.

Genauso werden diese Kinder oft als Scheidungskinder abgewertet, denen man unterstellt, das sie die Trennung der Eltern, psychisch nicht verkraftet haben, was durch aus vorkommt.

Meistens ist auch ein Umzug, mit der Trennung der Eltern verbunden, wodurch die Kinder aus ihrer gewohnten Umgebung gerissen werde, sie verlieren Freunde und müssen sich oft auch in neuen Schulklassen zurecht finden.

Das ganze Leben der Kinder wird auf den Kopf gestellt und ihre gewohnte Umgebung verwüstet, dennoch wird von ihnen erwartet, das sie all dies unbeschadet bewältigen.

Sicher ist, das auch das Leben der
Scheidungskinder schwerer wird.

29. Das Rezept für eine gute Ehe

Das Rezept für eine gute und glückliche Ehe
wünschen wir uns alle, aber da jeder Mensch
individuell ist, ist auch das Rezept für die Ehe
zweier Menschen individuell.
Die Zutaten, für das Rezept, für eine gute und
glücklichen Ehe zweier Menschen, hängt in
der Dosierung, der Individualität der zwei
Menschen, ab.
Selbst wenn die Zutaten, Liebe, Vertrauen,
Geborgenheit, Respekt, Achtung, Harmonie,
Hilfsbereitschaft, Ehrlichkeit, Anerkennung,
Fürsorge, Interressengleichheit, Neugierde,
Risikobereitschaft, etc. gleich sind, wird immer
etwas anderes heraus kommen.

30. Ehejubilare

Die wichtigsten Daten im gemeinsamen Lebensweg.

1 Jahr verheiratet Baumwolle

5 Jahre verheiratet Holz

7 Jahre verheiratet Kupfer

8 Jahre verheiratet Blech

10 Jahre verheiratet Rosen

15 Jahre verheiratet Glas

20 Jahre verheiratet Porzellan

25 Jahre verheiratet Silber

- - - - - - - - - - - - - -

30 Jahre verheiratet Perlen

35 Jahre verheiratet Leinwand

40 Jahre verheiratet Rubin

50 Jahre verheiratet Gold

- - - - - - - - - - - - - -

60 Jahre verheiratet Diamant

65 Jahre verheiratet Eisen

70 Jahre verheiratet Gnaden

75 Jahre verheiratet Kronjuwelen

31. eheähnliches Verhältnis / eheähnliche Gemeinschaft

Wer der Meinung ist, er kann ohne Folgen mit seiner Freundin zusammen eine Wohnung nehmen, der irrt sich gewaltig.
Wer in einem eheähnlichem Verhältnis / eheähnliche Gemeinschaft lebt, hat auch Rechte, aber vor allem Pflichten, wie in einer Ehe.
Das heisst er wird auch für Unterhalt, seiner Freundin / seines Freundes, herangezogen.
Es heisst, es müssen folgende Voraussetzungen erfüllt sein, damit ein eheähnliches Verhältnis / eheähnliche Gemeinschaft, vorliegt.

1) keiner der Partner ist verheiratet
2) Beide Partner wohnen min. 2 Jahre zusammen
3) Beide Partner bilden eine Wohngemeinschaft
4) Beide Partner bilden eine Haushalts- und Wirtschaftsgemeinschaft
5) Beide Parteien bilden eine Verantwortungs- und Einstehensgemeinschaft, das geht nicht, wenn ein Partner anderweitig verheiratet, ist.
6) Kinder leben mit im Haushalt
Also Vorsicht, besser erst mit einer Rechtsanwältin oder einem Rechtsanwalt sprechen.

32. Internetadressen

www.justiz.nrw.de

www.bmj.bund.de

www.bmj.bund.de/familienrecht

www.lsvd.de

33. Schlusswort

Ob jemand heiratet oder nicht, muss jeder selber wissen, aber man sollte vorher wissen was Ehe heisst.

Und jeder, der dieses Buch gelesen hat, sollte nun wissen, das die Ehe ein Rechtsvertrag mit Rechten, Pflichten und Folgen ist.

Vor allem bei der Scheidung wird es sehr kompliziert und deshalb sollte man vorsorgen.

Es gibt keine Risikoversicherung für eine Ehe, aber dennoch kann man einige Regelungen vor der Ehe treffen.

Wer sich nicht vor der Ehe mit Scheidungsrecht, Ehevertrag, Unterhaltsrecht, Namensrecht, Sorgerecht, Ehegüterrecht, Familienrecht, Erbrecht und Kinderschaftsrecht befasst wird es spätestens bei der Scheidung tun.

Und auch dann gilt, wie in der Medizin, besser vorbeugen als leiden.

Deshalb empfehle ich die Eheprophylaxe.

Platz für eigene Notizen z.B. Fragen an die Rechtsanwältin (für Sie).

_____

_____

_____

_____

_____

_____

_____

_____

_____

_____

_____

_____

Platz für eigene Notizen z.B. Fragen an die Rechtsanwältin (für Ihn).

_____

_____

_____

_____

_____

_____

_____

_____

_____

_____

_____

_____

Platz für eigene Notizen z.B. Fragen an den Rechtsanwalt (für Sie).

_____

_____

_____

_____

_____

_____

_____

_____

_____

_____

_____

Platz für eigene Notizen z.B. Fragen an den Rechtsanwalt (für Ihn).

_____

_____

_____

_____

_____

_____

_____

_____

_____

_____

_____

_____

_____

Platz für eigene Notizen z.B. Fragen an die Notarin (für Sie).

_____

_____

_____

_____

_____

_____

_____

_____

_____

_____

_____

_____

Platz für eigene Notizen z.B. Fragen an die Notarin (für Ihn).

Platz für eigene Notizen z.B. Fragen an den Notar (für Sie).

_____

_____

_____

_____

_____

_____

_____

_____

_____

_____

_____

_____

_____

Platz für eigene Notizen z.B. Fragen an den Notar (für Ihn).

_____

_____

_____

_____

_____

_____

_____

_____

_____

_____

_____

_____

_____

Platz für eigene Notizen z.B. Antworten von der Rechtsanwältin (für Sie).

_____

_____

_____

_____

_____

_____

_____

_____

_____

_____

_____

_____

Platz für eigene Notizen z.B. Antworten von der Rechtsanwältin (für Ihn).

_____

_____

_____

_____

_____

_____

_____

_____

_____

_____

_____

_____

_____

Platz für eigene Notizen z.B. Antworten von dem Rechtsanwalt (für Sie).

_____

_____

_____

_____

_____

_____

_____

_____

_____

_____

_____

_____

Platz für eigene Notizen z.B. Antworten von dem Rechtsanwalt (für Ihn).

_____

_____

_____

_____

_____

_____

_____

_____

_____

_____

_____

_____

Platz für eigene Notizen z.B. Antworten von der Notarin (für Sie).

_____

_____

_____

_____

_____

_____

_____

_____

_____

_____

_____

_____

_____

Platz für eigene Notizen z.B. Antworten von der Notarin (für Ihn).

_____

_____

_____

_____

_____

_____

_____

_____

_____

_____

_____

_____

Platz für eigene Notizen z.B. Antworten von dem Notar (für Sie).

_____

_____

_____

_____

_____

_____

_____

_____

_____

_____

_____

_____

_____

Platz für eigene Notizen z.B. Antworten von dem Notar (für Ihn).

_____

_____

_____

_____

_____

_____

_____

_____

_____

_____

_____

_____